T0413665

FAVORITE TOYS

AMERICAN GIRL DOLLS

BY ELIZABETH NEUENFELDT

EPIC

BELLWETHER MEDIA · MINNEAPOLIS, MN

EPIC

Action and adventure collide in EPIC. Plunge into a universe of powerful beasts, hair-raising tales, and high-speed excitement. Astonishing explorations await. Can you handle it?

This edition first published in 2023 by Bellwether Media, Inc.

No part of this publication may be reproduced in whole or in part without written permission of the publisher. For information regarding permission, write to Bellwether Media, Inc., Attention: Permissions Department, 6012 Blue Circle Drive, Minnetonka, MN 55343.

Library of Congress Cataloging-in-Publication Data

LC record for American Girl Dolls available at: https://lccn.loc.gov/2022038233

Text copyright © 2023 by Bellwether Media, Inc. EPIC and associated logos are trademarks and/or registered trademarks of Bellwether Media, Inc.

Editor: Rachael Barnes Designer: Josh Brink

Printed in the United States of America, North Mankato, MN.

TABLE OF CONTENTS

A Dolls Day

A group of friends is having an American Girl doll party. They eat cupcakes and play outside.

STANDING TALL

MOST AMERICAN GIRL DOLLS ARE 18 INCHES (46 CENTIMETERS) TALL.

Later, they read to their dolls. American Girl dolls are fun everywhere they go!

The History of American Girl Dolls

American Girl dolls were created by Pleasant Rowland. She formed the Pleasant Company to sell them. The company's first offices were in Middleton, Wisconsin.

AMERICAN GIRL BEGINNINGS

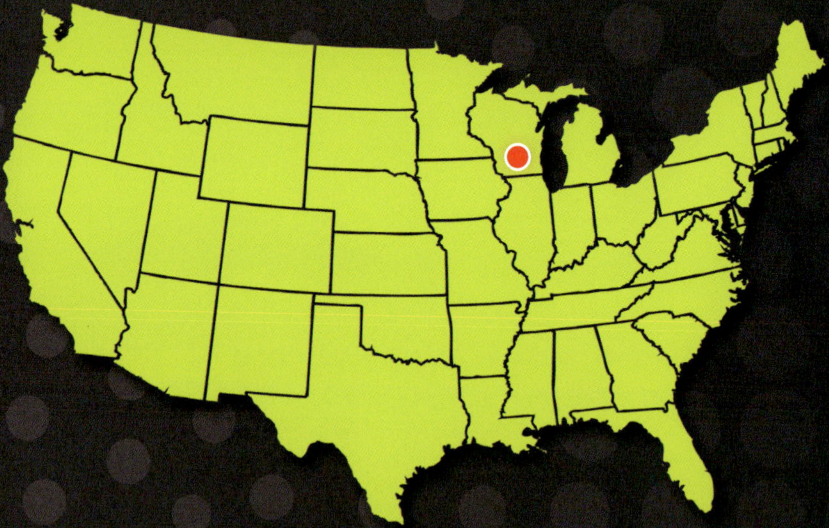

first American Girl offices, Middleton, Wisconsin = ●

Rowland wanted to make dolls to teach and **inspire** girls!

The first American Girl dolls **debuted** in 1986. They were historical characters. Their names were Samantha, Kirsten, and Molly.

AMERICAN GIRL MAGAZINE

AMERICAN GIRL MAGAZINE RAN FROM 1992 TO 2019. IT HAD CRAFTS, STORIES, RECIPES, AND MORE!

AMERICAN GIRL BOOKS

The dolls came with books that told their **fictional** stories. The stories taught readers history!

In 1993, the Pleasant Company released Addy, its first Black doll. More **diverse** dolls followed!

BITTY BABY DOLLS

BABY DOLLS AND BEARS

BITTY BABY DOLLS DEBUTED IN 1995. THEY LOOKED LIKE BABIES! EARLY DOLLS CAME WITH A BITTY BEAR.

The first American Girl store opened in Chicago in 1998. It helped sell more dolls.

In 2001, the first Girl of the Year doll debuted. A new doll with a present-day story has been added nearly every year!

KIT KITTREDGE: AN AMERICAN GIRL

ON THE BIG SCREEN

KIT KITTREDGE: AN AMERICAN GIRL CAME OUT IN 2008. IT WAS THE FIRST AMERICAN GIRL MOVIE RELEASED IN THEATERS!

The first American Girl movie **aired** on TV in 2004. Soon, more movies were made!

In 2016, WellieWishers dolls first hit stores. These dolls were smaller and made for younger kids.

Create Your Own dolls became available in 2017. Fans could create **custom** dolls!

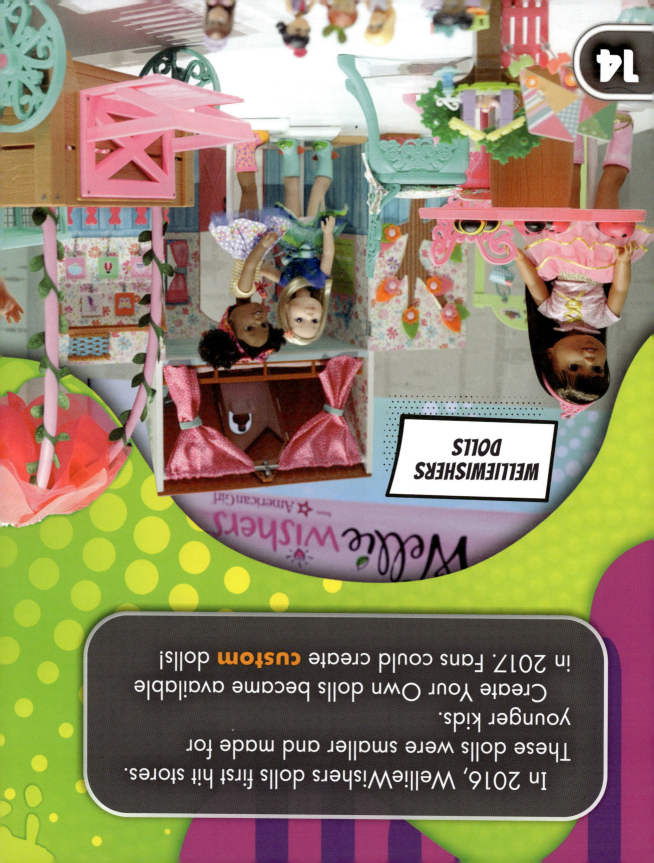

WELLIEWISHERS DOLLS

AMERICAN GIRL TIMELINE

1986
The first American Girl dolls debut

1998
The first American Girl Place store opens

2001
The first Girl of the Year doll is sold

2004
The first American Girl movie airs on TV

2017
Create Your Own dolls become available

American Girl Dolls Today

Kids continue to enjoy American Girl dolls. Most dolls include books that teach kids **empathy**.

Many dolls have **modern** clothes and **accessories**. But historical characters are still favorites!

AMERICAN GIRL DOLL TYPES

Bitty Baby

Girl of the Year

Truly Me

WellieWishers

American Girl dolls are not just for kids. Many adults enjoy collecting the dolls they grew up with.

Some adults collect **rare** dolls. They can be very **valuable**!

More Than a Toy

Fans enjoy American Girl books and movies. The American Girl YouTube channel and website are also popular.

American Girl stores let fans shop, eat, and more. There are many ways everyone can enjoy American Girl dolls!

AMERICAN GIRL PLACE STORE PROFILE

What Is It? A chain of stores where visitors can shop, eat, and take their dolls to the salon

When Did It Open? First store opened in 1998 in Chicago, Illinois

How Many Are There? 12 locations in the United States

AMERICAN GIRL PLACE STORE

Glossary

accessories–items added to something else to make it more useful or attractive

aired–was presented to the public on TV or radio

custom–made to personal order

debuted–were shown to the public for the first time

diverse–made up of people or things that are different from each other

empathy–the understanding and sharing of another person's emotions

fictional–made up

inspire–to give someone an idea about what to do or create

modern–relating to the present day

rare–hard to find

valuable–worth a lot of money

To Learn More

AT THE LIBRARY

Anton, Carrie, and Erin Falligant. *American Girl: Character Encyclopedia.* New York, N.Y.: DK Publishing, 2021.

Polinsky, Paige V. *American Girl Entrepreneur: Pleasant Rowland.* Minneapolis, Minn.: ABDO Publishing, 2018.

Sommer, Nathan. *Barbie Dolls.* Minneapolis, Minn.: Bellwether Media, 2022.

ON THE WEB

FACTSURFER

Factsurfer.com gives you a safe, fun way to find more information.

1. Go to www.factsurfer.com.
2. Enter "American Girl dolls" into the search box and click 🔍.
3. Select your book cover to see a list of related content.

Index

accessories, 17
Addy, 10
American Girl (magazine), 9
American Girl Place (stores), 11, 20, 21
beginnings, 7
Bitty Baby, 11
books, 9, 16, 20
characters, 8, 10, 17
clothes, 17
collecting, 18, 19
Create Your Own, 14
Girl of the Year, 12
history, 6, 7, 8, 9, 10, 11, 12, 13, 14
Kirsten, 8
Kit Kittredge: An American Girl, 13
Middleton, Wisconsin, 6, 7
Molly, 8
movies, 13, 20
Pleasant Company, 6, 10
Rowland, Pleasant, 6, 7
Samantha, 8
size, 4
timeline, 15
types, 17
website, 20
WellieWishers, 14
YouTube, 20

The images in this book are reproduced through the courtesy of: Anne Brink, cover (Molly, Samantha, Addy, doll in red, outfits), pp. 2, 3, 22; Dimitra Merziemekidou, cover (doll in pink, blonde doll bottom left), pp. 3, 23; Jim, the Photographer/ flickr, cover (top right and left dolls), back cover (top left); Walter Sedriks/ flickr, cover (bottom left blonde doll); bmcent1, back cover (bottom left); SewSimPlypretty, back cover (bottom right); Anders Ruff Custom Designs/ flickr, p. 4; Jenny Acheson/ Superstock, p. 5; Helen Sessions/ Alamy, p. 6; Ilya S. Savenok / Stringer/ Getty Images, p. 8; ZUMA/ Alamy, p. 9; kimmie1434/ eBay, p. 9 (book covers); The Washington Post/ Getty Images, p. 10; Patti McConville/ Alamy, pp. 11, 17 (dolls types feature); Tim Boyle/ Getty Images, p. 12; Photo 12/ Alamy, p. 13; Diane Bondareff/ AP Images, pp. 14, 18; Eric Glenn, p. 15 (store); Stbernardstudio, p. 15 (doll); Ilya S. Savenok/ Getty Images, p. 16; Stars and Stripes/ Alamy, p. 19; Cindy Ord/ Getty Images, pp. 20, 21.